LETTRE

DU LORD

MALMESBURY

AU LORD

GRENVILLE,

*Sur les négociations de Paix entamées
à Paris.*

A PARIS,

Chez BRIGITTE MATHÉ, Libraire, Palais Égalité,
sous les colonnades du passage de Radzivil, n°. 101.

An V, (1796).

LETTRE

DU LORD MALMESBURY,

AU LORD GRENVILLE.

Paris, 20 *Décembre* 1796.

MILORD,

M. ELIS est arrivé de Londres hier, 15 décembre à 5 heures du soir, et m'a remis les instructions n°. 11 et n°. 12, dont votre Seigneurie l'avoit chargé. Comme la matière étoit d'une très-grande importance, j'ai voulu me rendre maître de mon sujet avant de voir le ministre français, et je lui demandai le vendredi au soir une entrevue, avec l'intention qu'elle ne me fût accordée que le samedi matin. Il me fixa l'heure de 11 heures, et il étoit près d'une heure quand nous nous séparâmes. Quoique tout ce que me dit M. de la Croix dans cette conversation ne peut pas être répuité officiel avant qu'il n'eut communiqué avec le directoire; cependant, comme ses réponses devoient avoir une influence nécessaire sur les ouvertures que j'avois à faire, je crois devoir les mettre sous vos yeux, pour vous donner une idée des premières expressions de M. de la Croix.

Je commençai par lui dire que j'étois autorisé à conférer avec lui sur un des objets les plus importans qui peut-être ait jamais été soumis à la discussion ; que la grandeur du sujet défendoit toute finesse, excluoit toute fausseté, suspendoit toute prévention ; et comme il m'étoit ordonné de parler avec franchise et vérité, j'espérois que de son côté il penseroit que c'est le seul moyen qui

A 2

puisse et qui doive être employé pour terminer avec succès une négociation à laquelle étoit attaché le bonheur de tant de millions d'hommes ; que pour plus grande précision je lui remettrois un mémoire confidentiel, avec une note officielle qui s'expliqueroient d'eux-mêmes quand il les auroit lus. — Néanmoins je n'hésitai pas à lui déclarer que, conformément aux principes que j'avois posés et dont je ne me départirois à aucune époque de la négociation, j'étois prêt à répondre à toutes questions, à expliquer et éclairer tous les points sur lesquels il étoit possible de prévoir que l'examen de ces pièces pourroit faire naître quelques doutes ou mal-entendus.

Après ce préambule, je me contentai de remarquer que je croyois qu'en aucune négociation semblable, aucun ministre n'avoit été autorisé à entrer de prime abord dans une discussion aussi étendue que j'allois faire ; que j'étois bien sûr que la vérité de cette remarque et la conclusion évidente qu'on en devoit tirer n'échapperoient pas à l'observation de M. de la Croix.

Je lui remis alors en main les deux pièces ; il commença par lire la note, sur laquelle il ne put exprimer que de la satisfaction. Après avoir donné au mémoire confidentiel toute l'attention qu'il méritoit, il dit qu'il lui paroissoit sujet à des objections insurmontables ; qu'il trouvoit qu'il demandoit beaucoup plus qu'il n'accordoit ; et que si on le suivoit, la situation où resteroit la France ne seroit plus dans une grandeur proportionnée à celle des autres puissances de l'Europe. — Il dit que l'acte de la constitution, *suivant l'interprétation des meilleurs publicistes* (et cette phrase est remarquable), mettoit la république dans l'impossibilité de faire ce que nous réquérions ; que les Pays-Bas autrichiens y étoient annexés ; et qu'on ne pouvoit en disposer sans jeter la nation dans le désordre, au moment de la convocation des assemblées primaires.

Il ajouta qu'il étoit d'autant plus surpris que la Grande-Brétagne en fît la condition essentielle du traité, qu'il croyoit m'avoir pleinement expliqué dans nos dernières conversations la nature de la constitution. — Je répondis que je me rappelois parfaitement tout ce qu'il m'aroit dit à ce sujet ; qu'il se ressouviendroit probablement aussi que, quoique je l'eusse écouté avec toute l'attention que je donne à tout ce qu'il me dit, je ne lui avois fait cependant aucune espèce de réponse, et que je n'avois ni admis ni contredit son opinion ; que, quoiqu'il me parût très-facile de la combattre par l'esprit de la constitution elle-même.

Cette discussion me paroissoit absolument étrangère à l'objet de ma mission, puisque même, en lui accordant ses deux propositions (savoir, que la retrocession des Pays-Bas autrichiens étoit incompatible avec les lois françaises, et que nous devions en être instruits auparavant), il existoit cependant en Europe un droit public, supérieur à tout droit public que la France pouvoit avoir jugé à propos d'établir dans ses domaines ; que si la constitution étoit connue publiquement, les traités existant entre S. M. et l'empereur étoient au moins également publics, et qu'il y étoit énoncé clairement et distinctement que les deux parties contractantes s'engageoient réciproquement à ne point mettre bas les armes sans avoir obtenu la restitution de tous les domaines, territoires, etc. qui appartenoient à l'une ou à l'autre avant la guerre, que la date de cette stipulation étoit antérieure à l'annexe des Pays-Bas à la France ; que sa notoriété devoit avoir convaincu les Français au moment où ils passèrent leur loi, que s'ils y adhéroient, ce seroit un obstacle insurmontable à la paix. Je fis l'application de la maxime aux isles des Indes occidentales et aux établissemens dans les Indes orientales, et lui demandai s'il attendoit que nous renoncerions à nos droits de possession, parce qu'il leur plairoit de les regarder encore comme des parties intégrantes de la république qui devoient être restituées, sans que leur valeur pût entrer en compensation dans la balance. Je supposai aussi le cas où la France, au lieu d'avoir fait des acquisitions pendant la guerre, auroit perdu une partie de ce qu'elle appeloit l'intégrité de ses domaines, et je demandai si, dans la crainte de faire encore de nouvelles pertes, le gouvernement, tel qu'il étoit composé maintenant, ne se regarderoit pas comme ayant des pouvoirs suffisans pour sauver son pays dans un

(6)

dangar imminent , et faire la paix en sacrifiant une partie
de ses domaines , afin de sauver le reste.

M. Delacroix observa que c'étoi supposer un cas de
nécessité, et que cette manière de raisonner ne pouvoit
s'appliquer aux circonstances actuelles. — Je convins
du premier point ; mais je soutins que s'il avoit ce pouvoir dans un cas de nécessité , il l'avoit également dans
tous les autres et particulièrement dans le cas présent , puisque lui-même m'avoit répété souvent que la paix étoit
tout ce que son pays et son gouvernement vouloient ,
et même ce dont ils avoient besoin.

M. Delacroix chercha à éluder dans sa réponse , et par
une suite de raisonnemens-arrangés à cet effet, il essaya
de prouver que par la situation relative des contrées ad-
jacentes , le gouvernement actuel de France seroit infiniment répréhensible et mériteroit d'être accusé, s'il souf-
froit jamais que les Pays-Bas fussent séparés de son
domaine ; que par le partage de la Pologne, la Russie,
l'Autriche et la Prusse avoient augmenté leur puissance
à un point formidable ; que l'Angleterre, par ses con-
quêtes et par l'activité et la manière dont elle régissoit
les colonies , avoit doublé ses forces. — *Votre empire
dans l'Inde , dit M. Delacroix avec véhémence , seul
vous a fourni les moyens de salarier toutes les puissances
contre nous ; et vous avez accaparé le commerce de manière que toutes les richesses du monde se versent dans
vos coffres.* — Ce furent ses propres mots.

De la nécessité pour la France de garder les Pays-Bas
et la rive gauche du Rhin , afin de conserver sa situation
relative en Europe , il passa aux avantages qui, préten-
doit il , résulteroient pour les autres puissances de cette
addition aux domaines français. » La Belgique (pour me
servir de son expression), en appartenant à la France,
tariroit ce qui a été la source de la guerre depuis deux
siècles ; et le Rhin , étant la limite naturelle de la
France, assureroit à l'Europe sa tranquillité pendant 2
siècles ». Je ne crus point nécessaire de combattre cette
doctrine déplacée, et me contentai de lui rappeler ce qu'il
m'avoit dit dans une de nos dernières conférences , quand
il comparoit la foiblesse de la France sous ses monarques,

avec sa force et sa vigueur sous son gouvernement républicain. *Nous ne sommes plus dans la décrépitude de la France monarchique, mais dans toute la force d'une république adolescente».* C'étoient ses expressions. —J'en concluai, en adoptant son raisonnement, que la force et la puissance que la France avoit acquises par son changement de gouvernement, étoient beaucoup plus grandes que celles que pouvoit produire toute acquisition de territoire. D'où il s'ensuivoit que si la France, sous une forme de gouvernement royal, étoit constamment et très-justement l'objet de l'attention, pour ne pas dire de la jalousie des autres puissances de l'Europe, elle étoit devenue bien plus que jamais, par sa constitution actuelle, en admettant son axiôme, l'objet d'une attention et d'une jalousie plus fondée; qu'en conséquence toute addition à ses domaines ne pouvoit qu'alarmer infiniment tous ses voisins sur leur sûreté future et sur la tranquillité générale de l'Europe.

La réponse de M. Delacroix est si remarquable, que je demande la permission d'l'insérer ici, à ce que je crois, dans ses propres termes: »Dans le tems révolutionnaire, tout ce que vous dites, milord, étoit vrai, rien n'égaloit notre puissance : mais ce tems n'existe plus; nous ne pouvons plus faire lever la nation en masse, pour voler au secours de la patrie en danger; nous ne pouvons plus engager nos concitoyens à ouvrir leurs bourses pour les verser dans le trésor national, et à se priver même du nécessaire pour la chose publique ». Il finit en me disant que quand la république française auroit la paix, elle seroit nécessairement la puissance la plus tranquille et la plus pacifique de l'Europe. — Je lui observai seulement qu'en ce cas le passage de la jeunesse à la décrépitude avoit été bien subit pour la république; mais que cependant je ne pouvois admettre qu'il devînt indifférent à ses voisins, et encore moins une sûreté essentielle en elle-même, qu'elle acquît une augmentation d frontières aussi considérable. Ceci conduisit M. Delacroix à parler d'offrir un équivalent à l'empereur pour les Pays-Bas autrichiens ; et, suivant son plan, on devoit le trouver dans la sécularisation des trois électorats ecclésiastiques et de plusieurs évéchés d'Allemagne et d'Italie. Il traita ce sujet comme une chose qui lui étoit familière et à laquelle il avoit souvent réfléchi.

Il parla de faire de nouveaux électeurs, et nomma probablement dans la vue de faire mieux goûter son projet, le stathouder, le duc de Brunswick et celui de Wirtemberg, comme personnes propres à remplacer les deux électeurs ecclésiastiques à réformer. Ce seroit mal employer le tems de V. S. que de l'occuper à vous répéter tout ce qu'il me dit à ce sujet. Il tendoit en substance, comme il l'a avoué lui-même, à la subversion totale du plan actuel de la constitution germanique; et comme cela étoit directement opposé au principe que sa majesté et l'empereur avoient distinctement posé comme base de la paix à faire pour l'empire, je me contentai de le lui rappeler et de lui faire voir spécialement, qu'il étoit impossible de discuter ce point convenablement, avant que sa majesté impériale eût pris part à la négociation. Je pris cette occasion pour lui faire entendre que si la France consentoit à toutes les autres propositions faites, il ne seroit pas impossible de lui rendre quelques parties de territoire pour étendre ses frontières du côté de l'Allemagne; ce qui, en addition du duché de Savoie et des comtés de Nice et d'Avignon lui procureroit une grande augmentation de force et de puissance.

M. Delacroix en revient encore ici à la constitution, et dit que ces pays étoient déjà constitutionnellement annexés à la France. — Je répliquai que dans la négociation qui alloit commencer, il étoit impossible aux autres puissances de partir d'aucune autre époque que de celle qui avoit immédiatement précédé la guerre, et que toute acquisition ou diminution de territoire, qui avoient eu lieu depuis lors entre les puissances belligérantes, devoient nécessairement devenir l'objet de la négociation, et être balancées l'une par l'autre dans les arrangemens définitifs de la paix générale. — « Vous persistez donc, dit M. Delacroix, à appliquer ce principe à la Belgique » ? — Je répondis, « très-certainement; et ce ne seroit pas vous parler franchement que d'hésiter de vous déclarer, dès l'entrée de la négociation, que vous ne devez point espérer que S. M. veuille se relâcher sur ce point de consentir jamais à voir les Pays - Bas faire partie de la France.

M. Delacroix répondit qu'en ce cas il ne prévoyoit pas que nos vues puissent s'accorder, et qu'il désespéroit du succès de la négociation. — Il revint encore néanmoins à son idée, qu'il étoit possible de trouver un équivalent pour l'empereur ; mais comme il ne proposoit que l'aliénation ou le démembrement de pays qui n'appartiennent pas à la France, même par conquête, je ne crus pas que cela méritât attention, ni certainement que cela valût la peine d'être répété à V. S. — Je n'ai pas besoin d'observer que tous ces équivalens, tout insuffisans qu'ils étoient, n'étoient offerts que pour nous faire consentir à ce que les Pays-Bas restassent à la France, et qu'ainsi il eût été directement contraire à mes instructions de les admettre en aucune manière.

M. Delacroix toucha légèrement ce qui concernoit l'Italie, et n'en parla plus dans la suite de notre conversation. — Je dois ajouter que toutes les fois que je fis mention de la restitution des Pays-Bas à l'empereur, j'eus toujours soin qu'il pût bien entendre qu'elle devoit être accompagnée d'autres cessions, pour leur former une ligne de défense suffisante, et qu'il ne seroit pas permis à la France de retenir tout le pays intermédiaire jusqu'au Rhin. J'insistai particulièrement sur ce point, quand je lui fis entrevoir la possibilité de consentir à une extension des limites de la France du côté de l'Allemagne.

Mais comme le ministre français s'opposoit aussi fortement à la restitution des Pays-Bas à l'empereur que je mettois de ténacité à la demander, le reste de mes réclamations ne peut devenir l'objet de la discussion.

Il me reste à vous faire part de ce qui s'est passé entre nous au sujet des alliés respectifs.

Sur les articles qui réservent à la cour de Pétersbourg et celle de Lisbonne le droit d'accéder au traité de paix sur le *status ante bellum*, le ministre français ne fit aucune autre remarque, que de demander, en parlant des alliés de la république, si j'étois prêt à traiter ce qui étoit relatif à leurs intérêts, que certainement la république n'abandonneroit jamais. Cela me donna occasion de remettre le mémoire confidentiel relatif à l'Espagne et à la Hollande ; et préliminairement je lui répétai en substance la première partie du n°. 12 de V. S. Quoique j'eusse touché un mot de la partie espagnole de Saint-Domingue, en traitant de la paix avec la France, cependant comme elle ne fût un objet de discussion entre nous que lorsque je parlai de la paix avec l'Espagne, j'ai cru qu'il valoit mieux placer dans cette partie de ma dépêche tout ce qui se dit à ce sujet. C'est le seul point qu'il discuta. Mais de ce qu'il ne parla d'aucune réclamation de l'Espagne, je n'en conclus pas qu'il n'en fera aucune mention dans le cours de la négociation. Je ne doutai pas, au contraire, qu'il n'en ait plusieurs à faire, et même d'inadmissibles. Néanmoins il garda le silence en ce moment, et se borna à combattre l'idée que par le traité d'Utrecht, l'Espagne se fût engagée à n'aliéner aucune de ses possessions en Amérique. J'avois l'article copié dans ma poche et je le lui lus. Il avoua qu'il étoit clair et formel ; mais il prétendit que les circonstances avoient changé si essentiellement depuis 1713, que les engagemens pris alors ne pouvoient être regardés comme étant en force. Je lui dis, que par l'esprit de l'article même, on avoit voulu prévoir des événemens éloignés, et non pas ce qui devoit arriver au tems du traité ou peu après, et que c'étoit parce qu'on avoit prévu, autant qu'il étoit possible, le changement des circonstances, qu'on avoit inséré cette clause : « Qu'enfin si l'Espagne avoit aucun égard à la foi des traités, elle devoit se regarder comme autant liée aujourd'hui par cette clause, qu'au moment où elle avoit été rédigée ». Je poursuivis, en disant que néanmoins il n'étoit pas tout-à-fait impossible d'arranger ce point sans beaucoup de difficultés, et qu'on pouvoit trouver des moyens par lesquels sa majesté catholique ne manqueroit pas à la bonne foi et qui concilieroient également l'Angleterre et la France. Je lui laissai alors entendre en termes généraux, que l'Espagne pouvoit regagner la partie de St.-Domingue en faisant quelque cession considérable à la Grande-

Bretagne et à la France pour prix de la paix ; ou qu'enfin de laisser à la France tout Saint - Domingue, nous pourrions retenir la Martinique ou Sainte-Lucie et Tabago. — M. Delacroix écouta ces propositions avec quelqu'attention ; mais il craignit de se compromettre en paraissant approuver, et laissa tomber l'objet de la cour de Madrid, en observant que la France n'abandonneroit jamais les intérêts de ses alliés.

Notre conversation sur ceux de son autre allié, la Hollande, fut beaucoup plus longue, parce que la teneur du mémoire nous conduisit inévitablement à approfondir ce sujet.

M. Delacroix affecta d'assurer que toute déviation du traité de paix conclu entre la France et ce pays, ainsi que toute restitution du territoire acquis par la France en conséquence de ce traité, étoit tout-à-fait impraticable. Il trouvoit également impraticable toute tentative pour rendre aux sept Provinces-Unies leur ancienne forme de gouvernement. Il parla de l'établissement d'une convention à la Haye, d'un air triomphant et avec une satisfaction affectée, de ce que la cause de la liberté étoit gagnée pour un si grand peuple. Il avoua cependant volontiers, que, vu les grandes pertes que la république avoit faites dans les colonies, et vu spécialement la foiblesse avec laquelle elles les avoit défendues, on ne devoit pas s'attendre que S. M. consentît à en faire la résiliation pleine et entière, et il me demanda si je pouvois l'informer jusqu'à quel point nos vues s'étendroient à cet égard. Je lui dis que j'avois lieu de croire que S. M. demanderoit des possessions et des établissemens qui n'ajouteroient rien ni à notre pouvoir ni aux richesses de nos domaines dans les Indes, et qui ne tendroient qu'à nous en assurer la tranquille possession = « Vous entendez par-là, dit M. Delacroix, le Cap et Trinquemale ». — Je répondis que ces établissemens étoient certainement de ce genre, et qu'il n'y avoit pas apparence qu'on les restituât aux Hollandais. — M. Delacroix se jetta alors dans une dissertation fort travaillée sur la valeur du cap de Bonne-Espérance, qu'il ne considéroit pas simplement comme une possession qui, dans nos mains, deviendroit une des colonies les plus fertiles et des plus productives de l'Orient, et il n'hésita point d'assurer que, suivant son estimation, elle deviendroit en définitif, une acquisition d'une importance infiniment plus grande pour l'Angleterre, que celle des Pays-Bas pour la France, et que si l'on consentoit à nous la laisser, elle sera regardée comme une ample compensation.— « Si vous êtes maîtres du Cap et de Trinquemale, ajouta t-il, nos établissemens des isles de France et de Bourbon seront absolument et selon votre bon plaisir, dans votre mouvance, et nous ne pourrons les garder qu'autant qu'il vous plaira, vous serez les seuls maîtres dans l'Inde, et nous y serons entièrement dépendans de vous. — Je lui répétai qu'on n'insisteroit sur ces possessions que comme moyen défensif et non offensif, et que si l'on discutoit cet objet franchement et sans passion, on trouveroit qu'en nous procurant une grande sûreté additionnelle, il ne nous ajouteroit aucun pouvoir d'attaque, même quand nous serions disposés à troubler la paix dans cette partie du monde; que si l'on insistoit sur les établissemens hollandais, et peut-être quelques autres points essentiels, et que d'un autre côté il vouloit compter tout ce que nous avions encore à restituer à la Hollande, tandis qu'elle n'avoit rien à rendre à l'Angleterre, il n'étoit pas possible qu'il ne regardât comme infiniment honnêtes et généreuses les conditions de paix que S. M. proposeroit aux Hollandais. Je ne trouvai point du tout M. Delacroix disposé à convenir de ce point avec moi; il me dit que la Hollande, dépouillée de ses possessions, sera ruinée.—Il parla alors, mais comme d'une idée qui lui venoit dans le moment, de possibilité de dédommager les Hollandais de leurs pertes dans les Indes, en leur donnant une portion de territoire vers la Meuse. — (Je ne pus découvrir s'il avoit en vue Aix-la-Chapelle. Liége, ou les pays de Juliers et de Berg). — Il me fit entendre que si l'on prenoit pas ce parti, on pourroit peut-être leur céder une isle à sucre de plus. Je lui dis que tout cela seroit l'objet des discussions futures, et que j'étois persuadé que si l'on convenoit des points les plus essentiels, le traité ne seroit pas rompu par des considérations secondaires.

« Notre conversation avoit été extrêmement longue ; M. Delacroix la finit en disant que, quoiqu'il eut pris sur lui d'entrer jusques-là en matière, je ne devois pas considérer rien de ce qu'il avoit dit, comme liant et engageant la république, jusqu'à ce qu'il eût remis au directoire les pièces que je venois de lui donner, et pour plus grande exactitude, il me demanda encore si dans son rapport il devoit annoncer la désunion de la Belgique de la France comme le *sine quâ non* dont sa majesté ne se départiroit pas. — Je lui répondis, que très-certainement c'étoit le *sine quâ non* dont sa majesté ne se départiroit pas, et que toute proposition qui laisseroit les Pays-Bas annexés à la France seroit pour elle un beaucoup plus grand avantage, pour les alliés une beaucoup plus grande perte que la situation relative et actuelle des puissances belligérantes ne douvoit donner lieu au gouvernement français de prétendre.

M. Delacroix me témoigna encore son regret de la manière peremptoire dont je faisois cette déclaration, et me demanda si elle n'étoit pas susceptible de quelque modification. — Je répliquai que si la France donnoit son contre-projet convenable et praticable, ne perdant jamais de vue que les Pays-Bas ne pouvoient pas être français, ni dans la possibilité de tomber entre les mains de la France, certainement une telle proposition seroit prise en considération. — M. Delacroix ne m'encouragea en aucune manière à m'expliquer plus clairement ; il me répéta plusieurs fois que cette difficulté relative aux Pays-Bas étoit insurmontable, etc.

Au moment où je prenois congé de lui il me demanda d'expliquer ce qu'on entendoit dans le mémoire par le quatrième paragraphe commençant par ces mots : *de s'entendre naturellement sur les moyens d'assurer*, etc. et finissant par *leurs possessions respectives*. — Je lui dis qu'ils avoient rapport au système destructif adopté par la France dans les Indes Occidentales, et qu'ils exprimoient un désir que les deux puissances convinssent de quelque système général et uniforme de police inté-

rieure pour contribuer à la sûreté de leurs possessions
respectives , en même tems qu'au bonheur d s habitans
de toute espèce. — M. Delacroix , un peu blessé de mon
expression *d'un système destructif adopté par la France,*
s'efforça de recriminer ; mais il finit en disant, que certainement on concourroit à tout arra gement relatif aux
nègres , qui ne sera pas contraire aux principes de la
constitution.

Ici finit notre conférence, et comme pendant tout le
tems qu'elle dura , j'avois continuellement à l'esprit que
quoique ce fût la première , elle seroit peut-être la seule
qui me donneroit une occasion favorable de parler des
principes généraux d'après lesquels S. M. étoit disposée
à traiter , je m'efforçai , en suivant plus ou moins tous
les points de mes instructions , de mettre M. Delacroix ,
si son rapport est fidèle , en état de rendre compte au
directoire de ce que j'avois dit, de manière à lui ôter
tout moyen de mal interpréter les intentions de sa majesté , à éloigner toute possibilité de chicane , et à l'a-
mener à repondre clairement et distinctement s'il vouloit consentir à entamer la négociation sur le principe
du *status ante bellum* , ou sur un autre qui n'en diffé-
reroit que par la forme et non par la substance. Je me
flatte qu'en l'essayant je ne me suis pas compromis ;
que je n'ai découvert de mes instructions que ce qui étoit
convenable ; et que dans cette conversation rien ne m'est
échappé qui puisse nuire par la suite au progrès de la
négociation. Je crois avoir rendu compte à V. S de cette
conférence presque mots pour mots, et j'ai pris un soin
particulier de le faire correctement et en détail , afin
que vous puissiez juger de ce que j'ai dit, et que vous
soyez instruit assez parfaitement de ce qu'a dit M. Delacroix, pour que vous puissiez vous en servir comme
d'un témoignage authentique. — Il faut se rappeller,
comme je l'ai observé au commencement de cette dépêche , qu'il a parlé d'après lui-même, à la vérité comme
ministre , mais non sous l'instruction immédiate du directoire ; et cette observation justifiera un peu la singu-
larité de quelques-unes de ses propositions.

J'avoue, milord, que d'après sa politesse et son empressement apparent à entrer en discussion, l'impression qui m'est restée en le quittant, a été que la négociation iroit en avant, malgré étant de difficultés, dont quelques-unes presque si insuportables, que connoissant, comme je la connois, l'opinion du directoire, je voyois peu d'apparence qu'elle se terminât heureusement. Mais je ne m'attendois pas que le directoire se conduiroit tout de suite de manière à démontrer une inclination évidente, et même une détermination à rompre sur les premières propositions. Aussi ne fus-je pas peu surpris de recevoir dimanche, à trois heures après-midi la lettre ci-jointe, (*celle où M. Delacroix lui demandoit le signature du mémoire et son* ultimatum *dans les vingt-quatre heures).* Il me l'envoye par le premier secrétaire de son département, M. Guiraudet, qui me communiqua l'original de l'arrêté du directoire, dont cette lettre, sauf les changemens de forme, est une copie littérale.

Après l'avoir lue, je demandai à M. Guiraudet s'il étoit instruit de son contenu ; — une conversation s'engagea à ce sujet. Je lui dis que ces deux demandes étoient si inattendues que je ne pouvois y répondre sur-le-champ ; que quant à la première, il étoit tout-à-fait contre l'usage de signer les mémoires annexés à une note signée et que j'avois de la peine à me croire autorisé à me départir de ce qui me paroissoit une règle invariable. Que quant à la seconde demande faite d'une manière si inouïe et si péremptoire, je dirois sans hésiter qu'il n'étoit pas possible d'y satisfaire.— M. Guiraudet m'en témoigna beaucoup de regret, et dit que cela étant, il craignoit que nos principes de négociation ne pussent jamais s'accorder. Je lui témoignai le même regret. Nous continuâmes à causer quelque tems sans qu'il se passât rien de digne de remarque. Je lui dis que je lui enverrois ma réponse le lendemain.

En réfléchissant plus mûrement sur la demande de signer les deux mémoires, je me convainquis que je ne m'engageois à rien en y consentant ; que c'étoit uniquement céder à un peu d'humeur, et que cette complaisance ne serviroit qu'à mettre le directoire encore plus dans son tort. Quant à la demande étrange de l'*ultimatum,* je vis clairement ce que j'avois à dire, et j'espère que ma réponse sera trouvée conforme aussi strictement qu'il étoit possible à mes instructions.

Hier au soir, à deux heures et demie, M. Guiraudet m'apporta la note C (*celle qui portoit l'ordre de partir de Paris dans 48 heures*). J'y répondis aussi-tôt par la note D. Elles n'ont pas besoin de commentaires. Comme je prétends quitter Paris demain et voyager en toute diligence, il sera bientôt en mon pouvoir de vous rendre compte de ce qu'il me reste à dire relativement à la clôture subite, quoique peut-être non imprévue, de ma mission.

Signé MALMESBURY.